1950: Olga Zaini und die Schokoladendamen von Mailand

ISBN 978-3-945543-03-0

Text: Teresa Monestiroli
Aus dem Italienischen übersetzt von Karin Schuler
Redaktion: Marie-Sophie von Bibra, Eva Römer
Gestaltung: Kunst oder Reklame, München
Herstellung: Jan Russok, Peter Karg-Cordes
Lithografie: Jan Russok
Druck und Bindung: Neografia, Martin

Besuchen Sie unsere Website: www.esverlag.de

DIE SCHOKOLADEN DAMEN

Wie Olga Zaini ihre Schokoladenfabrik rettete

VON
TERESA MONESTIROLI

ELISABETH SANDMANN

MOMENTE DES LEBENS

INHALT

»Ich benannte die Schokolade nach meinem mir kostbaren Kindermädchen Emilia, das mir geholfen hat, meine vier Kinder großzuziehen. Ohne sie und ohne all die anderen wunderbaren Frauen, die so viele Jahre mit mir gearbeitet haben, hätte ich es nie geschafft, die Fabrik über den Zweiten Weltkrieg hinaus zu bewahren und sie in so gutem Zustand meinen Söhnen zu vermachen.«

Olga Zaini

»Ihr Brief hat mich auf unbeschreibliche Weise berührt«

Der Beginn einer großen Liebe

Cunardo 1919: Olga (rechts) während der Sommerferien mit ihrer Familie; links Schwester Annetta, Mutter Diamante und Vater Vittore

In Cunardo flossen die Sommer träge dahin. Auch im August war das Klima angenehm mild, dank der sanften Hügel, die zum Lago di Ghirla hin abfielen, dem See, in dem man sich nachmittags bei einem Bad erfrischen konnte. Ganz im Grünen gelegen, war das Ferienhaus von Vittore und Diamante Torri ein idealer Ort für die Sommerfrische. Und Vittore, der eine Drogerie in Mailand führte, kam gern hierher, um sich mit der Familie zu erholen. Kaum Ablenkungen, viel Ruhe. Zusammen mit seinen beiden Töchtern Annetta und Olga verbrachte er die Tage mit ausgedehnten Spaziergängen in den Wäldern, Ausflügen zum nahen Lago Maggiore oder kurzen Ausfahrten in die Schweiz, nach Lugano, das nur wenige Kilometer entfernt lag.

Hier in dem kleinen Dorf über Varese lernte die junge Olga den Unternehmer Luigi Zaini kennen, einen eleganten und großzügigen Mann, Gründer und Inhaber der gleichnamigen Mailänder Schokoladenfabrik. Auch er kam seit Jahren zum Wandern in diese Täler. Es war eine Begegnung, die das Leben des Mädchens für immer prägen und ihr zu einer Karriere als Unternehmerin verhelfen sollte, zu einer Zeit, als Frauen in Italien noch nicht einmal wählen und nur in Ausnahmefällen studieren durften.

Es war der Vater, Vittore, der die Freundschaft zwischen ihnen förderte. Die Familien erfreuten sich an der Erholung inmitten der Hügel über dem See, Vittore Torri und Luigi Zaini teilten aber auch berufliche Interessen. Sie hatten sich schon Jahre zuvor kennengelernt, als Luigi noch englische Süßwaren, Tee, Marmeladen und Kekse importierte, die die Torris dann in ihrem Laden am Corso Vercelli verkauften. Die Bekanntschaft der Familien vertiefte sich. Sie besuchten weder Bälle noch Empfänge – in Cunardo war das gesellschaftliche Leben kaum der Rede wert, denn die Gäste aus der Stadt kamen vor allem der Ruhe und der Entspannung wegen hierher –, sondern verbrachten die Tage gemeinsam an der frischen Luft: Vittore in Begleitung seiner Frau und Töchter, die damals beide Anfang 20 waren, Luigi in Begleitung seiner damaligen Frau Luisa.

1923 starb Luisa auf tragische Weise nach der Geburt des zweiten Kindes. Als Luigi Witwer wurde, war jedoch niemand überrascht, dass Olga und er sich näherkamen. Luigi war damals 45 Jahre alt, hatte zwei Kinder, Piero und Rosetta, gerade zwei- und einjährig, und war seit zehn Jahren Schokoladenfabrikant. Olga, 1899 geboren und zu diesem Zeitpunkt 24 Jahre alt, kam aus einer wohlhabenden Familie und hatte ein Diplom als Buchhalterin in der Tasche – ein seltener Abschluss für eine Frau zu Beginn des Jahrhunderts, als diejenigen, die sich eine Ausbildung leisten

Olga Zaini im Jahr 1919

1913: Im Gründungsjahr der Firma entstand dieses Gruppenfoto vor der Fabrik in der Via de Cristoforis in Mailand. In der ersten Reihe sitzt, als Vierter von rechts, Luigi Zaini.

konnten, noch meistens die Hauswirtschaft wählten. Nach dem Abschluss hatte der Vater sie an die Kasse gestellt, damit sie die Grundlagen des Geschäfts erlernte, welches sie wahrscheinlich übernommen hätte.

Luigi machte Olga per Brief – der leider im Familienarchiv nicht mehr auffindbar ist – einen Heiratsantrag, und am 28. März des Jahres 1924 schrieb Olga zurück und nahm ihn an. Obwohl ihr bewusst war, welche Verantwortung auf sie zukommen würde – schließlich musste sie zwei Kinder übernehmen, die ihre Mutter verloren hatten –, waren ihre Worte voller Enthusiasmus und Hoffnung. Zwischen den Zeilen kann man sogar ein naives Staunen über das Vertrauen lesen, das Luigi in sie setzte, indem er ihr seine Lieben anvertraute. Der zukünftigen Frau Zaini war jedoch noch nicht bewusst, dass sie noch deutlich größere Verantwortungen als diese schultern konnte.

Sehr geehrter Herr Zaini,
Ihr Brief hat mich auf unbeschreibliche Weise im Innersten berührt, sodass ich Ihnen antworten muss: Hier bin ich, ganz freiwillig und mit Begeisterung für Ihre lieben Kleinen, denen ich mein Herz, meine Energien, mein Leben schenken möchte. Ich wünsche mir nichts mehr, als ihnen ihre verlorene Mama würdig zu ersetzen. Aus Ihren Händen nehme ich sie in Empfang,

ich habe Sie kennengelernt und schätze Sie sehr, und nun erwecken Sie in mir rege Liebe für Ihre zarten Waisen, eine Liebe, die ich nicht verheimlichen kann und die mein Herz mit heiligen Vorsätzen und süßen Hoffnungen erfüllt. In Ihrem Brief beziehen Sie sich auf das Opfer, das ich bringen soll. Die volle Hingabe an einen edlen Auftrag erscheint mir aber so schön, dass ich dieses Opfer nicht sehen kann. Es gibt keine Opfer, wenn man liebt! Herr Zaini, hier ist die Antwort aus meinem ehrlichen Herzen heraus vor Gott und vor der armen Verstorbenen, auf deren Hilfe ich vertraue, auf dass ich niemals gegen das handle, was ich hier gerade schreibe. Ich fühle die Ernsthaftigkeit dieses für mich entscheidenden Moments. Gleichzeitig ermutigt mich, dass ich ganz auf Ihre Unterstützung und Ihre Zuneigung vertrauen darf. Sie werden mir Führer und Trost bei dieser liebenswerten, aber auch schwierigen Aufgabe sein. Möge ich Ihnen Freude schenken, zum Ausgleich dafür, dass Sie so leiden mussten!
Hochachtungsvoll bedanke ich mich für Ihre Wertschätzung und Ihr Vertrauen. Ich fühle mich Ihnen zutiefst verbunden.

Die Hochzeit wurde im Oktober desselben Jahres gefeiert, in Mailand, in der Kirche am Corso Vercelli, in der Olga seit ihrer Kindheit mit ihren Eltern sonntags die Messe besuchte. An jenem Tag wurde sie Frau Zaini: Es

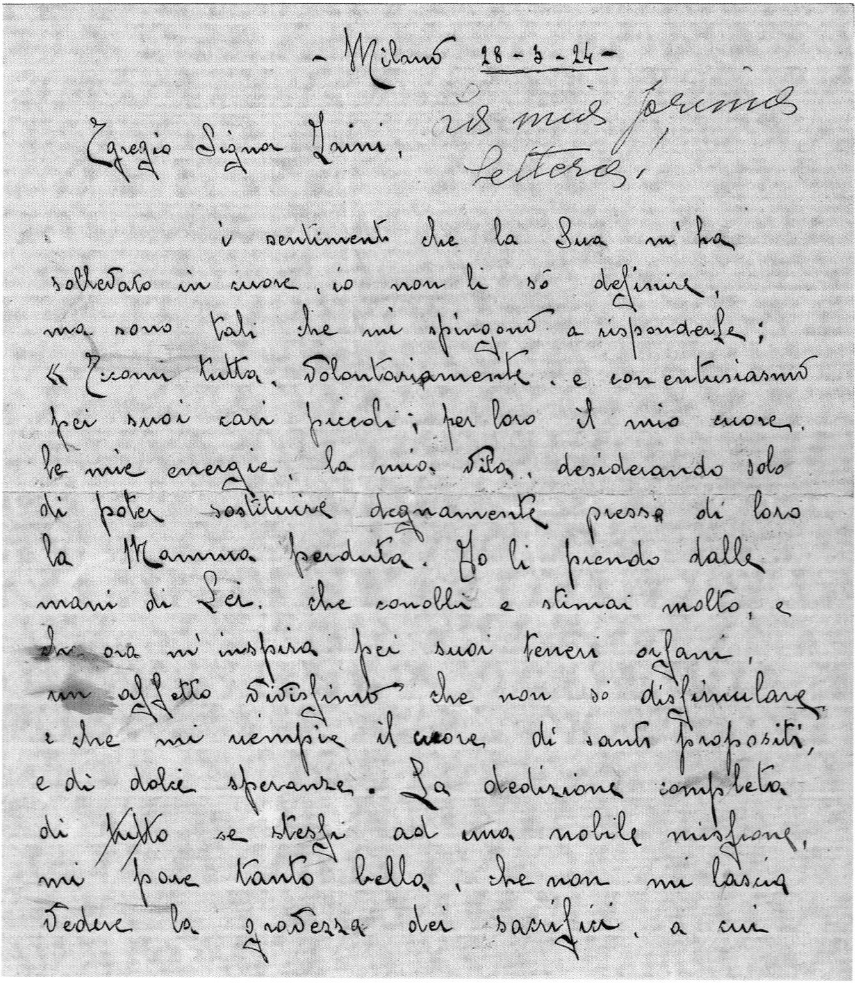

– Milano 28-3-24 –

Egregio Signor Zaini,   il mio prima lettera!

i sentimenti che la Sua m'ha sollevato in cuore, io non li so definire, ma sono tali che mi spingono a risponderle; «Eccomi tutta, volontariamente, e con entusiasmo pei suoi cari piccoli; per loro il mio cuore, le mie energie, la mia vita, desiderando solo di poter sostituire degnamente presso di loro la Mamma perduta. Io li prendo dalle mani di Lei, che conobbi e stimai molto, e che ora m'inspira pei suoi teneri orfani, un affetto vivissimo che non so dissimulare, e che mi riempie il cuore di santi propositi, e di dolci speranze. La dedizione completa di tutto se stessi ad una nobile missione, mi pare tanto bella, che non mi lascia vedere la grandezza dei sacrifici, a cui

Olgas Antwort auf Luigis Heiratsantrag

Ella accenna nella Sua. Non vi sono sacrifici quando si ama!.....

Ecco Signor Zani, la risposta che le dò nella sincerità del mio animo, davanti a Dio, ed alla povera Morta, nel cui aiuto confido perchè io non abbia mai a smentire ciò che ora Le scrivo. Sento ~~tutta~~ la solennità di questo momento per me decisivo, ma mi incoraggia la piena fiducia che ho nell'appoggio e nell'affetto di Lei, che mi sarà guida e conforto nel difficile, ma carissimo incarico. Possa io procurarLe qualche gioia in compenso di tanti dolori sofferti!....

Le porgo i più cordiali ossequi, ringraziandoLa della stima e della fiducia di cui mi onora. Mi protesto obbligatissima

Olga Zani

war der Beginn einer Mailänder Familiendynastie, an die man sich auch 100 Jahre später noch erinnern sollte.
Die ersten Ehejahre waren unbeschwert und glücklich. 1925 kam die gemeinsame Tochter Luisa zur Welt, und fünf Jahre später wurde Vittorio geboren, von Anfang an der Liebling seiner Mutter. Die Fotografien aus jener Zeit zeigen Olga fröhlich, umgeben von den Kindern, um die sie sich mit Hingabe kümmerte. Sie wohnten in einem Appartement im Fabrikgebäude an der Via Imbonati, mit einigem Personal, das bei der Haushaltsführung half: zwei Dienstmädchen, einer Köchin, einem Kindermädchen und Luigis Fahrer. Olga liebte auffälligen Schmuck und schöne Kleider, die ihr Schneider nach Maß anfertigte, nachdem ihr Mann die Entwürfe gesehen und genehmigt hatte. Sie mochte tiefe Ausschnitte, starke Farben, die einen Kontrast zu ihrer blassen Haut bildeten, Seide und Spitzen. Mit ihren auffallend feuerroten, wohlfrisierten Haaren wurde sie beim Flanieren oft für einen Filmstar gehalten. Sämtliches weibliches Personal der Firma Zaini – die wegen der zahlreichen Frauen, die dort arbeiteten, den Spitznamen »la fabbrica dei tusan«, im mailändischen Dialekt »Fabrik der Mädchen«, trug – begegnete ihr mit Respekt, ohne zu ahnen, dass diese faszinierende Frau nur wenige Jahre später an der Spitze des

Unternehmens stehen würde, und das auf hohen Absätzen.
Für die Sommerfrische kaufte Luigi ein Haus in Brunate, einem Dorf am Comer See, das näher an Mailand lag als Cunardo. Mit dem Zug fuhr er im Sommer jedes Wochenende dorthin, um seine Frau und die Kinder zu besuchen. Er kam am Samstagnachmittag an, nach einer langen Arbeitswoche, direkt aus der Fabrik. Um die vornehme und strenge Olga, die großen Wert auf Äußerlichkeiten legte, nicht zu verärgern, wechselte er seinen Anzug noch auf der Fahrt in der Trambahn zum Bahnhof, wo er den Zug nach Como um 17.30 Uhr nahm. Dabei ließ er sich von Ginetta begleiten, der Tochter seines Fahrers, die die getragenen Kleidungsstücke wieder in seine Reisetasche faltete und sie zurück ins Büro brachte. Für die Rückfahrkarte gab Luigi ihr eine Münze: Ginetta steckte das Geld glücklich in die Tasche und ging zu Fuß nach Hause.
Auch Ginetta und ihr Vater wohnten innerhalb der Fabrikmauern, in einer kleinen Wohnung neben den Büros. Olga nahm auch dieses mutterlose Kind wie eine Tochter auf: Sie gab ihr Kleider ihrer Töchter, half ihr bei den Hausaufgaben, lud sie in ihr Haus ein, um mit Rosetta und Luisa zu spielen. Später bekam sie eine Anstellung im Einkaufsbüro der Zainis. Olga hielt immer eine schützende

1925: Olga mit den Kindern: links Rosetta, Baby Luisa und Piero

1934: Olga mit Sohn Vittorio

1927: Luisa, Rosetta und Piero

Die modebewusste Olga
im Jahr 1925

Ein Entwurf für Olga, am Rand
von Luigi mit der Bemerkung
»genehmigt« versehen

Olga und Luigi mit Rosetta, Luisa und Piero, 1928

Hand über sie. Nach dem Krieg heiratete Ginetta den Fabrikdirektor, den zuverlässigen Signor Mauri. Möglicherweise hatte Olga auch bei dieser Hochzeit die Hand im Spiel, denn so gelang es ihr, den Mann auf einem der wichtigsten Posten der Fabrik an sich und ihre Familie zu binden.

Die Schokolade, die dank der Reisen des Christoph Kolumbus und der Entdeckung Amerikas nach Europa gekommen war, verbreitete sich erst seit dem 18. Jahrhundert auf dem Kontinent, blieb dann aber fast zwei Jahrhunderte lang ein vor allem dem Klerus und dem Großbürgertum vorbehaltenes Nischenprodukt. In Italien wurde zu Beginn des 20. Jahrhunderts nur wenig Schokolade hergestellt. Die Maya, die schon im Jahre 1000 v. Chr. ein aus dem Pulver der Kakaobohnen erzeugtes Getränk kannten, hatten sie »Götterspeise« genannt, und in Europa war sie noch immer ein Luxus für wenige. Auch dort servierte man sie hauptsächlich flüssig, in einer Mischung aus Kakao und Wasser, manchmal mit Gewürzen wie Pfeffer und Chili aromatisiert, und man nahm sie an den Tischen eleganter Konditoreien zu sich.

Die berühmtesten italienischen Schokoladenhersteller waren in Turin, der Hauptstadt des Vereinigten Königreichs Italien, ansässig, wo 1852 Caffarel-Prochet, eine der ersten Confiserie-Fabriken Italiens, den Gianduiotto erfand und wohin 1856 auch die Firma Majani, 1796 in Bologna als Süßwarenmanufaktur gegründet, die gesamte Produktion verlegte. Gegen Ende des 19. Jahrhunderts entstanden weitere Süßwarenfabriken in Florenz und Venedig. In dieser Zeit waren in der Schweiz schon Lindt & Sprüngli und Suchard aktiv. Die ersten Tafelschokoladen konnte man erst zu Beginn des 20. Jahrhunderts kosten, als einige technische Erfindungen die Kakaoverarbeitung revolutionierten: Die hydraulische Presse für die Trennung von Kakaopaste und Kakaobutter und das Conchieren, ein 1878 von Rudolph Lindt erfundenes Verfahren, das die Schokolade durch längeres Mischen weicher und glänzender machte. So entstand die erste feste Schokolade zum Naschen. Doch das Publikum war noch misstrauisch. Der Preis war hoch, und das Volk glaubte, Schokolade habe eine aphrodisierende Wirkung und könne deshalb zur Unzucht führen.

Kultprodukte, die noch heute in den Supermarktregalen zu finden sind, kamen in den ersten 20 Jahren des 20. Jahrhunderts auf den Markt. Theodor Tobler, ein Sohn von Jean Tobler, dem Gründer der Fabrique de Chocolat Berne, Tobler & Cie. 1899, erfand 1908 zusammen mit seinem Cousin Emil Baumann »Toblerone«, die erste Milchschokolade mit Honig und Nüssen in der markanten dreieckigen Form und dem gelb-roten Karton. Den noch heute unverwechselbaren Namen bildeten sie aus »Tobler« und »torrone«, dem italienischen Namen süßer Tafeln aus Honig und Mandeln. Drei Jahre später, 1911, wurde Majani dank der Praline »Fiat«, einem weichen Würfel aus Schokolade mit abwechselnden Schichten aus Gianduia und Haselnusscreme, in ganz Italien berühmt. Sie hatte den vom gleichnamigen Autokonzern ausgeschriebenen Wettbewerb gewonnen, mit dem man ein Produkt als Reklame für ein neues Automodell bei der im selben Jahr in Turin stattfindenden Weltausstellung suchte. 1922 brachte die Firma Perugina, 1907 von Francesco Buitoni und Luisa Spagnoli gegründet, den »Bacio« auf den Markt, eine Praline, mit der man vor allem übrig gebliebene Schokolade- und Nussteile anderer Produktionen verwerten wollte. Der »Bacio« (»Kuss« nach einem auf den ersten Schachteln abgebildeten Gemälde von Francesco Hayez) hatte eine unregelmäßige Form (wegen der man ihn anfangs sogar »Faustschlag« taufte), ein Herz aus Gianduia und Nussstückchen, eine ganze Nuss zur Verzierung und eine Kuvertüre aus Bitterschokolade. Der »Duce« persönlich sang ein Loblied auf ihn und wurde 1923 durch eine Erklärung an die Turiner Zeitung *La Stampa* zum ersten Testimonial der Schokoladengeschichte: »Ich sage euch

und genehmige auch die Verbreitung meiner Aussage: Eure Schokolade ist wirklich köstlich«, erklärte Benito Mussolini mit Bezug auf die Firma Perugina.
In jenen Jahren wuchs zwar die Schokoladenproduktion in Italien, blieb aber im Vergleich zum Rest Europas noch unbedeutend. Der Verbrauch von Kakao in den Fabriken stieg von 50 Doppelzentnern im Jahr 1922 auf 92 im Jahr 1928, eine immer noch verschwindend geringe Menge im Vergleich zu europäischen Konkurrenten wie Deutschland und Großbritannien. In Italien war Schokolade noch immer Luxusware: Ein Geschenk für besondere Anlässe, in Konditoreien zu kaufen, oder eine »Feinschmeckersünde« im Restaurant. Nur das Großbürgertum konnte sie sich leisten, doch auch hier wurde Schokolade eher heimlich verzehrt, denn es war unziemlich, sich hemmungslos der Lust zu ergeben.

In diesem Umfeld hatte auch Luigi Zaini seine ersten Schritte als Unternehmer gewagt und 1913 zusammen mit Luigi Mongini die »Schokoladen-, Kakao-, Bonbon- und Konfitürenfabrik Mongini, Zaini & Co.« gegründet. Ein Jahr später wurde die Fabrik nach dem Austritt von Mongini aus der Gesellschaft einfach in »Luigi Zaini« umbenannt. Der Mann, der bisher Süßwaren aus Großbritannien importiert hatte, schlug den riskanten

Luigi Zaini im Jahr 1930

Werbeplakat und Geschenkbox aus dem Jahr 1930

und mühsamen Weg des Unternehmers ein und folgte dabei einer großartigen Inspiration: Die Menschen sind unterschiedlich, so dachte er, warum also nicht verschiedene Pralinen herstellen, um den Geschmack aller Menschen zufriedenzustellen?
Das erste Fabrikgebäude befand sich in der Via de Cristoforis, einer Querstraße des Corso Como. Heute beherbergt sie schicke Läden und Modegeschäfte, nur ein paar Schritte entfernt von den Wolkenkratzern in Porta Nuova, die die mailändische Skyline verändert haben. 1926, als die Produktion aufwendiger wurde, transferierte man Anlagen und Arbeiter nach Dergano. In dieser damals kleinen Gemeinde im Norden der Stadt befinden sich noch heute die Verwaltung der Gesellschaft und eine kleine Bonbonproduktion. Hier, in der Via Imbonati 59, war vor der städtebaulichen Entwicklung, die die Gemeinde in eine Stadtrandsiedlung verwandelte, viel mehr Platz: Luigi konnte nicht nur die Fabrik verlegen, sondern auch sein privates Zuhause. Im zweiten Stock des Verwaltungsgebäudes bezogen seine Frau Olga und die Kinder eine große Wohnung. Hier, im Hof gegenüber der Fabrik, wohnte Olga nun zwischen Haus und Arbeit. 1918 war der Erste Weltkrieg zu Ende gegangen und stürzte fast alle Länder, die beteiligt waren, in eine wirtschaftliche Krise. Arbeitslosigkeit, Versorgungsengpässe und Unzu-

friedenheit über den Kriegsausgang ließen die Bevölkerung zunehmend offener werden für Populisten. Zwar blieb Vittorio Emanuele III. König von Italien, aber schon 1922 übernahm Benito Mussolini, der das Land in die Diktatur führen sollte, die Macht.

Trotz der schwierigen Jahre nach dem Ersten Weltkrieg verfügte die Firma Zaini 1920 über ein beachtliches Sortiment und 100 Vollzeitkräfte. In den Werkstätten, in denen Teile der Produktion noch in Handarbeit erledigt wurden, entstanden über 100 verschiedene Schokoladen und Süßigkeiten. Ein mehr als zwanzigseitiger Katalog repräsentierte die Fabrik und zeigte den Kunden die Produktionsorte in Schwarz-Weiß-Bildern: das Raffinieren der Schokolade, die Gewinnung der Kakaobutter, das Mahlen des Kakaos, die Herstellung von Kaugummis und Konfitüre, Bonbons und Konfekten sowie das Einwickeln, das die Frauen an großen Arbeitstischen erledigten. Auf der Titelseite der Broschüre war die Karte der Fabrikgebäude abgebildet – eine frühe Form des Marketing –, und darunter stand der Slogan: »Wenn Sie mit unseren Produkten zufrieden sind, sagen Sie es weiter, wenn nicht, sagen Sie es uns SOFORT. Danke.«

Im Inneren befand sich eine unendliche Liste von Produkten. Diese Vielfalt war nur möglich, weil ein Teil der Produktion noch nicht mechanisiert war. Angeboten wurde Milch-

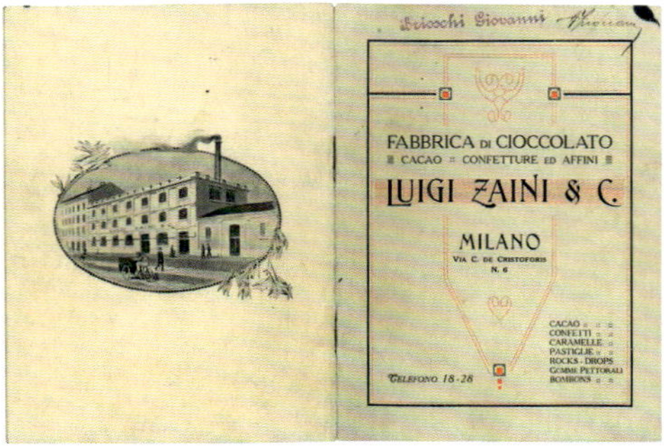

Der Firmenkatalog aus dem Jahr 1925

Die Schokoladendamen während der Arbeit

Nuss-Schokolade in Extraqualität mit goldenem Papier; Nussschokolade mit grünschwarzem Papier; die Pralinen »Fantasia Extra« mit Milch- oder Bitterschokolade, mit Likör oder Creme; die feinen und riesigen Gianduiotti (mit Band); die kleinen Eier in bunten Schachteln, eingewickelt in Cellophan mit rosa Band; der Cremino »Savoia«, die Neapolitaner mit Rum; die Schokoladen der Serie »Familia« wie auch die günstigeren Sorten »Monte Bianco«, »Milano« mit Nüssen und »Simplon« mit Vanille und Kakaopulver in bedruckten Schachteln, silber-weißen Tüten oder bunten Säckchen. Die Liste setzte sich außerdem fort mit Lakritzen, Verdauungsbonbons und Dutzenden anderen Sorten, darunter »Die vier Grafen Savoyens« mit Minz-, Himbeer-, Anis- und Johannisbeergeschmack; »Excelsior« in Geschmacksrichtung Kirsche, »Liebesträne« Johannisbeere, »Rosalba« Ananas, »Brazil« Kaffee, »Eva« Zitrone und so weiter. Unter den mit Frauennamen benannten Bonbons findet man auch heute vergessene Geschmacksrichtungen wie Enzian, Tamarinde und Rose. Alles wurde in verschiedenen Verpackungen ausgeliefert, von Jutesäcken für den Großhandel über Glasgefäße für die Regale der Konditoreien und Kolonialwarengeschäfte bis zu den elegantesten Geschenkpackungen wie der 1-Kilogramm-Schachtel mit bedrucktem Deckel, dem 2,5-Kilogramm-Blechkoffer oder der 125-Gramm-Rolle. Seit dem Ersten Weltkrieg tauchte außerdem auch die »Schokolade für den Kämpfer« im Angebot auf: eine für die Armee hergestellte Tafel Bitterschokolade mit dem Bild eines Soldaten auf der Verpackung.

Der Neuanfang nach dem Krieg war mühselig. Die Bonbons allein reichten nicht aus, um die Bilanz auszugleichen, und Schokolade war immer noch ein Nischenprodukt. Verglichen mit der Konkurrenz (auch der italienischen), produzierte Zaini davon immer noch zu wenig. Trotzdem verlor Luigi nicht den Mut, sondern führte die Firma entschlossen weiter und gewährte seinen Mitarbeitern in einer finanziell angespannten Zeit sogar eine Lohnerhöhung. Gute Arbeit müsse belohnt werden, fand er, denn nur so würden alle weiter ihr Bestes geben. Und nach diesem Prinzip handelte er, ohne zu ahnen, dass seine Großzügigkeit – die er und seine Frau an die Kinder und Enkelkinder weitergaben – später durch die Dankbarkeit und Treue des gesamten Personals belohnt werden sollte. Am 30. August 1924 schrieb Luigi an den für die Handelsvertreter verantwortlichen leitenden Mitarbeiter Giovanni Brioschi folgenden Brief:

Wenn ich bei der Überlegung, die von Ihnen erbetene Gehaltserhöhung einzuräumen, auf den

Gewinn des gerade zu Ende gegangenen Jahres achten würde und danach entscheiden müsste, sollte ich sie Ihnen, wenn auch mit Bedauern, abschlagen. Zweifellos wird Ihnen nicht glaubwürdig erscheinen, dass ich so etwas behaupten muss, aber ich bitte Sie bei meiner Ehre zu glauben, dass es wirklich so ist, nicht mehr, nicht weniger. Dennoch, abgesehen von dieser strengen und sachlichen Überlegung, möchte ich die erbetene Erhöhung nicht verweigern, und ich freue mich, Ihnen mitzuteilen, dass wir Sie ab kommendem Oktober zufriedenstellen werden [...]

Der Brief ging weiter mit einer schonungslosen und sehr besorgten Einschätzung der Bilanz, die keinen baldigen Wiederaufschwung erwarten ließ.

Lassen Sie uns einen sachlichen und ernsten Blick auf die Lage unserer Firma werfen, die, selbst wenn es vielen unmöglich erscheint – Sie eingeschlossen, nicht wahr? –, nicht die Ergebnisse liefert, die sie liefern sollte, wenn man den beträchtlichen Umsatz in den Blick nimmt. Ich versichere Ihnen, dass die Ergebnisse seit 1920 kein Grund zur Freude sind, im Gegenteil, sie sind betrüblich für mich und meine Mitarbeiter. Der Grund kann in einer einzigen Tatsache gesucht werden, und dies ist die geradezu lächerlich geringe Produktion der Abteilung Schokolade, die gegenüber einigen winzigen, gerade erst

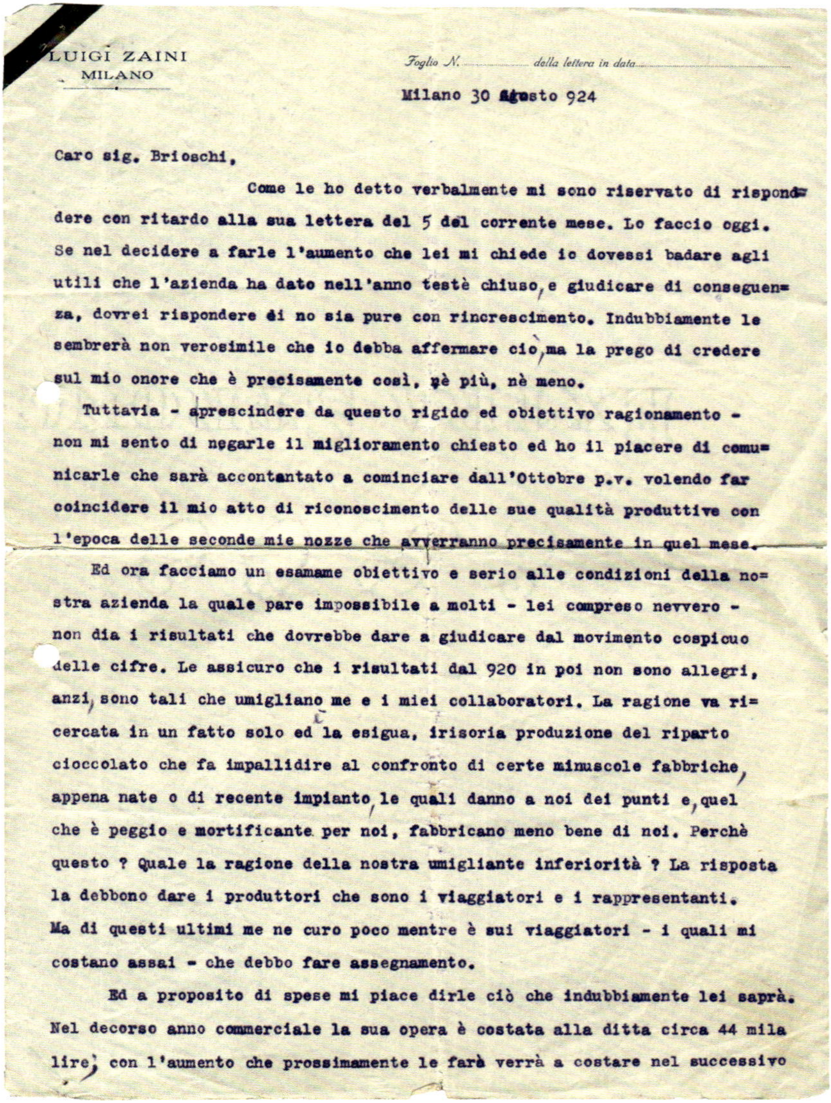

LUIGI ZAINI
MILANO

Foglio N. .... della lettera in data ....

Milano 30 Agosto 924

Caro sig. Brioschi,

Come le ho detto verbalmente mi sono riservato di rispondere con ritardo alla sua lettera del 5 del corrente mese. Lo faccio oggi. Se nel decidere a farle l'aumento che lei mi chiede io dovessi badare agli utili che l'azienda ha dato nell'anno testè chiuso, e giudicare di conseguenza, dovrei rispondere di no sia pure con rincrescimento. Indubbiamente le sembrerà non verosimile che io debba affermare ciò, ma la prego di credere sul mio onore che è precisamente così, nè più, nè meno.

Tuttavia - aprescindere da questo rigido ed obiettivo ragionamento - non mi sento di negarle il miglioramento chiesto ed ho il piacere di comunicarle che sarà accontantato a cominciare dall'Ottobre p.v. volendo far coincidere il mio atto di riconoscimento delle sue qualità produttive con l'epoca delle seconde mie nozze che avverranno precisamente in quel mese.

Ed ora facciamo un esamame obiettivo e serio alle condizioni della nostra azienda la quale pare impossibile a molti - lei compreso nevvero - non dia i risultati che dovrebbe dare a giudicare dal movimento cospicuo delle cifre. Le assicuro che i risultati dal 920 in poi non sono allegri, anzi, sono tali che umigliano me e i miei collaboratori. La ragione va ricercata in un fatto solo ed è la esigua, irisoria produzione del riparto cioccolato che fa impallidire al confronto di certe minuscole fabbriche, appena nate o di recente impianto, le quali danno a noi dei punti e, quel che è peggio e mortificante per noi, fabbricano meno bene di noi. Perchè questo ? Quale la ragione della nostra umigliante inferiorità ? La risposta la debbono dare i produttori che sono i viaggiatori e i rappresentanti. Ma di questi ultimi me ne curo poco mentre è sui viaggiatori - i quali mi costano assai - che debbo fare assegnamento.

Ed a proposito di spese mi piace dirle ciò che indubbiamente lei saprà. Nel decorso anno commerciale la sua opera è costata alla ditta circa 44 mila lire; con l'aumento che prossimamente le farò verrà a costare nel successivo

Der Brief Luigi Zainis an Giovanni Brioschi

oder vor kurzer Zeit gegründeten Fabriken verblasst. Diese überflügeln uns, und – noch schlimmer und demütigend für uns – ihre Ware ist schlechter als unsere. Warum das? Was ist der Grund unserer beschämenden Unterlegenheit? Die Antwort sollten die Handelsreisenden und die Vertreter geben. Um die Letzteren sorge ich mich wenig, auf die anderen, die Handelsreisenden, die viel kosten, muss ich zählen.
Was die Kosten betrifft, erzähle ich Ihnen gern, was Sie zweifellos schon wissen. Im vergangenen Jahr hat Ihre Arbeit die Firma etwa 44 000 Lire gekostet [Anmerkung: Damals verdiente ein Generaldirektor im der öffentlichen Verwaltung 33 000 Lire im Jahr]; mit der avisierten Gehaltserhöhung werden Sie nächstes Jahr etwa 48 000 Lire, das heißt mit allen Zulagen nicht ganz 50 000 Lire, verdienen. Nun glaube ich behaupten zu können, ohne groß zu übertreiben, dass nur wenige Handelsreisende sich einer solchen Position erfreuen können. Beachten Sie, dass unsere Firma nicht zu den Marktführern zählt. Dennoch, ich kann mich nicht über Sie und Ihre Arbeit beklagen. Wenn meine Lage es mir erlauben würde, mehr und besser zu zahlen, würde ich es gern tun. Aber leider ist dies im Moment nicht möglich und vielleicht auch in Zukunft nicht, da die Zukunft mir nicht allzu rosig erscheint.

Glücklicherweise erwies sich die Zukunft als rosiger, als Luigi Zaini es 1924 erwartete. Seine Hartnäckigkeit und Risikobereitschaft, zusammen mit einer guten Marketingidee, wurden mit einem Erfolg belohnt, der in den Dreißigerjahren die Bilanz wieder ausglich, das Überleben sicherte und eine Expansion ermöglichte.
Die Arbeit beanspruchte seine ganze Energie, unermüdlich verbrachte er alle seine Tage in der Fabrik. Er kam spät nach Hause, oft hatte Olga die Kinder schon ins Bett gebracht. Morgens stand er früh auf, um einen Rundgang durch die drei Stockwerke der Fabrik zu machen und darauf zu achten, dass die Maschinen richtig angeschaltet wurden und der Tagesplan korrekt ablaufen konnte. Er war ein gewissenhafter und anspruchsvoller Arbeitgeber, gleichzeitig aber großmütig und gütig. Ein Arbeitgeber, der auf die Bedürfnisse seiner Mitarbeiter achtete, von denen er viel verlangte, weil er wusste, dass er ebenso viel gab.
Im Sommer fuhren Olga und die Kinder an den See, nach Brunate, während Luigi auch im August in der Stadt blieb, um zu arbeiten. Er schrieb ihr fast täglich Briefe und erzählte ausführlich, was in Mailand passierte. Dies betraf die Geschäfte, die langen und anstrengenden Tage in der Fabrik – oft tippte er die Briefe noch um acht Uhr abends mit der Ma-

1934: Olga und Luigi mit ihren Töchtern

1935: Ferien am Meer

schine am Schreibtisch im Büro –, die Besuche der Schneiderin, die ihm die Kleider für Olga brachte, die Hitze im August, »die nicht stört«, im Gegenteil, »man fühlt sich sehr wohl, obwohl es, wie es so schön heißt, auf dem Land etwas ganz anderes ist«, die Abendessen bei Giannino, in dem schon zu Beginn des 20. Jahrhunderts berühmten, vom Großbürgertum besuchten Restaurant, »wo ich nicht so gerne hingehe, während du noch auf einem Bein dorthin hüpfen würdest«, die verschiedenen Phasen der Renovierung ihrer Wohnung, von der Küche bis zu den Tapeten im Schlafzimmer. Die Briefe schildern Bruchstücke des Alltagsleben eines verschworenen Paares, das lange Zeiten voneinander getrennt leben musste und das, sobald Luigi sich freinehmen konnte, die Zeit gern zusammen mit Freunden verbrachte.
In den Briefen findet sich auch viel über die Vorbereitungen der Wochenendausflüge. »Samstagabend findet, wie aus beiliegendem Plan ersichtlich, ein nächtlicher Ausflug an den See statt, bei dem wir auch zu Abend essen können. Falls du mit oder ohne Kinder hingehen möchtest, solltest du es mir sofort sagen, damit ich mich vorbereiten kann«, schrieb er am 30. August 1936. »Am kommenden Sonntag wird ein Autoausflug nach Lugano angeboten. Wir würden von Como in der Frühe losfahren, und am Abend wären

Olga und Luigi im Jahr 1935

Die vier Zaini-Kinder im Jahr 1936

wir zurück. Dafür brauchen wir einen Sammelpass, der aber von der Firma in Como besorgt wird. Man kann das Teilnahmeformular auch Samstagabend ausfüllen. Die Kinder brauchen keinen Pass.« Und noch einmal zehn Tage später, am 10. September im selben Jahr: »Sag mir Bescheid, ob du Samstag an der nächtlichen Kreuzfahrt teilnehmen möchtest, damit ich weiß, ob ich in Como auf euch warten oder ob ich nach Brunate kommen soll. Wenn du mir morgen, Freitag, antwortest, habe ich deinen Brief Samstagvormittag.«

»Seien Sie gewissenhaft«

Vier Kinder, eine Schokoladenfabrik und eine schwierige Entscheidung

Am Comer See: Olga und Luigi Zaini mit den Kindern Piero, Rosetta und Luisa, Olgas Schwester Annetta und Vater Vittore

Es waren glückliche Jahre. Ihre Liebe wuchs mit jedem Tag. Die Kinder wurden größer, und Olga kümmerte sich um alle, als ob sie ihre eigenen wären. Ihr Leben war mehr als behaglich eingerichtet, das Hauspersonal nahm ihr fast alle Sorgen ab – bis an einem Vormittag im Jahr 1938 Luigis Krankheit ihre Welt ins Chaos stürzte. Man diagnostizierte bei ihm einen Hirntumor und dass er nur noch wenige Monate zu leben hatte.
Der Arzt behandelte Luigi im Büro und verabreichte ihm schmerzlindernde Medikamente. Obwohl er von der Krankheit geschwächt war, wollte der vorbildliche Unternehmer, dem das Wohl seiner Mitarbeiter mindestens genauso am Herzen lag wie die positiven Bilanzkennzahlen, seine letzten Lebenswochen in der Fabrik verbringen, im Lärm der Maschinen und mit dem ihm so vertrauten süßlichen Duft der Bonbons und der Schokolade. Seine Frau war stets um ihn, besorgt und aufmerksam. Sie versuchte, ihren Kummer zu verbergen, um ihren schon von der Krankheit erschöpften Mann nicht zusätzlich zu belasten und den Kindern ihre Schwäche nicht zu zeigen. Ihre zurückhaltende Natur half ihr, die Würde und die Haltung zu bewahren, die heute alle in Erinnerung haben. Sie pflegte Luigi zu Hause, sie unterstützte ihn bei der Arbeit, um ihm die Aufgaben zu erleichtern. Nie weinte sie in

Luigi Zaini im Jahr 1936

der Öffentlichkeit. Im Gegenteil, sie wurde sofort zu einer Anlaufstelle für alle: Die Mitarbeiter konnten auf ihre Präsenz zählen, die genauso beruhigend auf sie wirkte wie Luigis.

Olga musste in diesen Monaten nicht nur ihren immer schwächer werdenden Mann unterstützen, sondern auch die vielleicht wichtigste Entscheidung ihres Lebens treffen. Luigi wollte sie an der Führung der Firma Zaini beteiligen, sie sollte sich um das Unternehmen kümmern, bis die Söhne alt genug waren, um sie weiterzuführen. Olga hätte sich zurückziehen können: Sie hätte das Ruder der Firma jemand anderem überlassen oder die Fabrik sogar verkaufen können, um von den Zinsen zu leben. Sie tat es nicht. Ohne jegliche Kenntnisse in Unternehmensführung erfüllte sie den Wunsch ihres Mannes.

Luigi blieb noch die Zeit, den Übergang einzuleiten. So sorgte er dafür, dass seine Frau das weiterführen konnte, was er 25 Jahre zuvor begonnen hatte. Er ging mit ihr die Buchhaltung, die Liste der Lieferanten, den Produktkatalog durch. Die Produktion war damals einfacher als heute, aber doch eine Herausforderung für eine Frau, die bisher nur für Höflichkeitsbesuche in die Firma gekommen war. Luigi kümmerte sich auch um das Privatleben seiner Frau, indem er sie inständig bat, nicht allein zu bleiben. Er wusste genau, welches Opfer er ihr mit der Verantwortung für ein Unternehmen abverlangte, das in den Dreißigerjahren schon ein riesiges Sortiment und 100 Beschäftigte zählte, von denen einige von Anfang an bei Zaini gearbeitet hatten und mittlerweile zu einer zweiten Familie geworden waren. Deshalb empfahl er ihr, so schnell wie möglich einen Mann zu finden, der bei den Kindern die Vaterstelle vertreten und sie selbst in den vielen Entscheidungen bei der Arbeit beraten konnte.

Olga selbst war durchaus bewusst, was auf sie zukam. Um die Anlaufschwierigkeiten zu überwinden, bat sie ihren Vater Vittore um Hilfe. Er kannte sich mit Buchhaltung und Süßwaren aus, und sie arbeiteten einige Jahre Seite an Seite. Sie lernte schnell, und innerhalb weniger Monate übernahm sie die Leitung der Firma, die sie mit Bestimmtheit und Disziplin in den folgenden 20 Jahren führen sollte, zuerst allein, später zusammen mit ihren Söhnen. Luigi hatte in seinem Testament die Aufteilung abgesegnet: »Rosetta und Luisa überlasse ich die Gebäude der Fabrik, Piero und Vittorio die Führung«, schrieb er kurz vor seinem Tod. Sein letzter Wille wurde nie infrage gestellt.

Als sie mit 39 Jahren Witwe wurde, entsprach Olga den Wünschen ihres Mannes und übernahm mutig die Führung der Firma – und

1934: Vittore Torri, Olgas Vater, und Annetta

dies zu einer Zeit, in der Frauen in Italien nicht einmal an allen Universitäten studieren durften. Auch in persönlichen Belangen folgte sie Luigis Wünschen, und der Mann, den dieser herbeigesehnt hatte, ließ nicht lange auf sich warten. Er hieß Pio Mannocchi und arbeitete seit Jahren bei Zaini als Verkaufsleiter in den Büros in Rom: Er war ein attraktiver Mann römischer Herkunft, unbefangen und witzig, ganz anders als die Lombarden, die Olga sonst kannte, und deswegen für sie noch faszinierender.

Das neue Verhältnis erregte sofort Aufsehen. In den Vierzigerjahren war es undenkbar, dass eine verwitwete Frau eine Beziehung zu einem Mann einging. Der Versuch, ihre Liebe zunächst im Verborgenen zu leben, scheiterte gewaltig: Während die Angestellten darüber tuschelten, waren ihre Kinder offen dagegen. Vor allem ihre leibliche Tochter Luisa akzeptierte nicht, dass Pio die Stelle ihres Vaters einnahm. Doch auch in dieser Situation bewies Olga noch einmal, dass sie eine starke und moderne Frau war. Gleichgültig gegenüber Tratsch und Kritik und gegen die Sitten jener Zeit, folgte sie ihren Gefühlen und ging mit der Beziehung zu Pio offener um, der selbst auch Witwer war und zwei Kinder hatte. Den Konventionen nach hätten sie heiraten müssen – die zweite Ehe für beide –, aber Olga war dagegen und beschloss ohne weitere Erklärung, zunächst ganz ohne Trauschein mit Pio zu leben. Erst die Geburt Luigis, ihres ersten Enkelkindes, im Jahr 1967 sollte sie davon überzeugen, dass die italienische Gesellschaft noch nicht bereit war, eine derart moderne Großmutter zu akzeptieren. Also heirateten sie. Bis dahin hatte sie ihre Kinder vor allem vor den möglichen Einmischungen eines zweiten Ehemannes schützen wollen. Sie befürchtete, dass Pio durch die Ehe eine übermäßige Macht innerhalb der Firma Zaini erlangen würde. Solange sie und Pio nur verlobt waren, konnte Pio nicht mitreden. So gingen alle Entscheidungen über ihren Schreibtisch und später auch über den ihrer beiden Söhne, als auch sie in der Firma arbeiteten: Vittorio half der Mutter in der Direktion, Piero war verantwortlich für den Export, mit großem weltweitem Erfolg. Gleichzeitig verzichtete Olga niemals auf ihre Liebe zu Pio, und er unterstützte sie bei der Arbeit wie auch zu Hause, indem er ihr immer beistand, ohne sich in die Familienangelegenheiten einzumischen.

Im Jahr 1938, als Olga an die Stelle ihres Mannes trat, hatte die Produktion der Firma Zaini schon die Grenzen Mailands überschritten, und die innovative Idee, der Verpackung von Bonbons und Pralinen die Bildchen von Spitzensportlern und Medienstars beizulegen,

Ab 1934 wurden den Verpackungen von Bonbons und Pralinen erstmals Bildkarten von Spitzensportlern und Medienstars beigelegt.

Bildkarten der italienischen Fußballnationalmannschaft

Bildkarten der populären »Sport«-Serie

eroberte den italienischen Markt. Auf diesen schwarz-weißen Hochglanzfotos waren Porträts zu sehen, die oft zum ersten Mal in die Haushalte der Italiener kamen. Es waren die Gesichter des Kinos, des Giro d'Italia, des Fußballs: darunter Filmstars wie Charles Chaplin, Renée Adorée, Rod La Roque, Douglas Fairbanks und Marlene Dietrich, Radrennfahrer wie Pellizzari und Binda, italienische und ausländische Fußballmannschaften, Rennfahrer wie Varzi. Dazu kamen Bilder, die die großen Unternehmungen dieser Zeit verewigten, wie etwa das Schiff »Città di Milano« mitten im Eis der Arktis, der am Nordpol angekommene Zeppelin »Italia« oder die Atlantiküberquerung des Fliegers Francesco De Pinedo. Dank der Zaini-Bildchen fingen viele Italiener an, sich für Sport zu begeistern. Und in den darauffolgenden Jahren war die Erinnerung an diese Sporthelden mit dem süßen Duft einer gerade ausgepackten Tafel Schokolade verbunden.

In den kommenden Jahren kamen die Hefte für die Bildchen der »Großen Jumbo-Sammlung« hinzu: 100 Sticker mit den Figuren aus Märchen wie *Pinocchio*, *Der gestiefelte Kater* und *Rotkäppchen*, zusammen mit mythologischen Figuren und historischen Persönlichkeiten wie Diogenes, Nero und Gandhi. 1936, nach dem erfolgreichen Ende des Äthiopienkrieges, beteiligte sich die Firma Zaini an den Siegesfeiern und der Freude über die Erweiterung des italienischen Kolonialimperiums am Horn von Afrika. 50 der der »äthiopischen Folklore« gewidmeten Bildchen wurden verbreitet: Die Bilder stellten die Landschaft, die Einwohner, die Flora und Fauna des Landes vor, das gerade dem Gebiet Italienisch-Ostafrikas angeschlossen worden war, und verschafften der Nation somit Information und Einblicke.

Was die Fabrik anbelangt, beschloss Olga, dem Weg ihres Mannes weiter zu folgen, indem sie das Modell der familiären Führung beibehielt, in der sich das Personal als Teil eines gemeinschaftlichen Projektes fühlte: Auch sie kannte die einzelnen Mitarbeiter alle persönlich, hörte sich ihre Sorgen an, kümmerte sich um ihre Kinder und Ehepartner. In Notfällen bot sie Hilfe an, auch finanzieller Art. Jedes Jahr organisierte sie ein üppiges Weihnachtsessen für das Personal, an dem sie selbst nicht teilnahm, um niemanden in Verlegenheit zu bringen, und überreichte denjenigen wertvolle Geschenke, die es sich ihrer Meinung nach während des Jahres mit ihrer Arbeit verdient hatten. Schultertücher und Schals aus Angora, Parfums und Markencremes wurden übergeben, und die Frauen sprachen noch wochenlang in den Umkleidekabinen darüber und wetteiferten um das wertvollste Geschenk. Olga hatte die

Geburtstage im Kopf, und bei Hochzeiten schenkte sie den Brautleuten einen kleinen Beitrag für ihr neues, gemeinsames Leben. Dabei machte sie keinen Unterschied zwischen leitenden Angestellten und einfachen Aushilfen.

Wenn Frau Zaini sich nicht persönlich darum kümmern konnte, bat sie ihre engsten Mitarbeiterinnen darum, den Angestellten in ihren persönlichen Angelegenheiten Beistand zu leisten, indem sie ihnen beispielsweise bei der Wohnungssuche halfen. Für Notfälle gab es auch einen Fonds, aus dem man Leistungen beziehen konnte. Seit ihrer Gründung aber bestand die Betriebspolitik der Firma Zaini vor allem darin, den Angestellten bei schweren Erkrankungen helfend zur Seite zu stehen. Zuerst Luigi und später Olga kümmerten sich darum, die besten Fachärzte direkt zu kontaktieren und für die Kosten der medizinischen Untersuchungen wie auch, wenn notwendig, der Krankenhausaufenthalte aufzukommen, die manchmal sogar in Privatkliniken stattfanden. Diese Aufmerksamkeit für die Angestellten endete nicht einmal, wenn sie in Rente gingen. Zum Beispiel bei Ercola, einer der ersten eingestellten Arbeiterinnen, die in den letzten Jahren ihres Lebens in einem Altersheim untergebracht wurde. Als Olga sie das erste Mal besuchte und sah, dass sie das Zimmer mit mehreren

teilen musste, richtete sie es so ein, dass Ercola ein Doppelzimmer bekam. Den Aufpreis dafür soll sie selbst bezahlt haben.
Seriosität, Zuverlässigkeit und Großzügigkeit waren die drei Prinzipien, auf denen Luigi Zaini sein Betriebsmodell aufgebaut hatte. Es waren die Gaben, die er von Anfang an bei unterschiedlichen Anlässen immer wieder gezeigt hatte und die jeder, der mit ihm arbeitete, auch besitzen sollte, wie er kurz vor seinem Tod in einem Manifest niederschrieb, das noch heute in der Fabrik hängt:

Ich habe Sie heute hier zusammengerufen, um Ihnen meinen besonderen Gruß und meinen Dank zu übermitteln. Es ist die Anerkennung, die ich Ihnen allen zurückgeben möchte, für die Treue, die Aufopferung und die harte Arbeit in all den Jahren. Doch bitte lassen Sie all diese Qualitäten hier nicht enden: Tragen Sie sie in Ihrer Arbeit weiter, seien Sie gewissenhaft, genau so, als ob ich noch immer unten Ihnen wäre voller Tugend und Ausdauer, die mich mit gutem Beispiel haben vorangehen lassen.

Die Erste, die der Ethik ihres Mannes treu blieb, indem sie die Beziehungen innerhalb des Betriebs unverändert aufrechterhielt, war Olga, die sich, trotz ihres Wohlstands und sozialen Status, kopfüber in diese Herausforderung stürzte. Sie führte die Fabrik mit Tat-

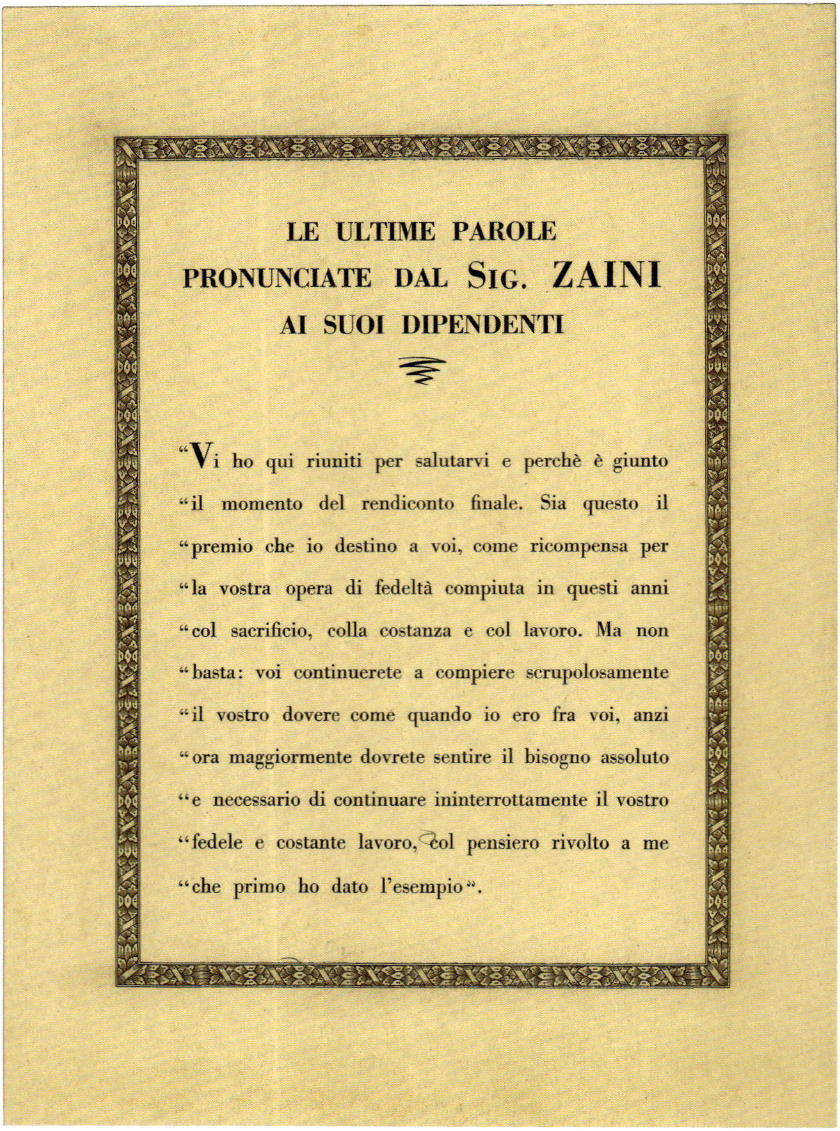

LE ULTIME PAROLE
PRONUNCIATE DAL SIG. ZAINI
AI SUOI DIPENDENTI

“Vi ho qui riuniti per salutarvi e perchè è giunto “il momento del rendiconto finale. Sia questo il “premio che io destino a voi, come ricompensa per “la vostra opera di fedeltà compiuta in questi anni “col sacrificio, colla costanza e col lavoro. Ma non “basta: voi continuerete a compiere scrupolosamente “il vostro dovere come quando io ero fra voi, anzi “ora maggiormente dovrete sentire il bisogno assoluto “e necessario di continuare ininterrottamente il vostro “fedele e costante lavoro, col pensiero rivolto a me “che primo ho dato l’esempio”.

Das von Luigi verfasste Manifest hängt bis heute in der Fabrik.

kraft, ohne sich zu schonen. Niemals aber entsprach sie dem Klischee der Frau in einer Führungsposition, die sich gezwungen sieht, wie ein Mann zu handeln und dessen Eigenschaften und Fehler nachzuahmen, um ihre Macht auszuüben und sich Respekt zu verschaffen. Olga war ein Vorbild für alle, insbesondere für die Frauen in der Fabrik, die sie bewunderten und ihr nacheiferten, auch weil sie zwischen den Kakaomühlen stets so tadellos und stilvoll gekleidet war wie im eigenen Salon. Die Haare wirkten dank der Frau des Büroboten, die fast jeden Morgen zu ihr kam, um sie zu kämmen, ebenso gepflegt wie die Hände. Niemals ein Tag, an dem sie nicht da war, niemals eine Unaufmerksamkeit, ein Unrecht. Die Tür ihres Büros stand immer offen, genauso wie früher bei ihrem Mann und in den späteren Jahren bei ihrem Sohn Vittorio.

Die Erschütterungen in Europa brachten das nach dem Tod ihres Mannes mühsam errungene Gleichgewicht nachhaltig ins Wanken. Olga hatte kaum Zeit gehabt, sich an ihr neues Leben als Witwe und Unternehmerin zu gewöhnen, da brach die Welt erneut über ihr zusammen. Mussolini, seit 1939 mit Hitler alliiert, erklärte am 10. Juni 1940 Frankreich und England den Krieg und zog damit Italien in den Zweiten Weltkrieg hinein.

Mailand, die wichtigste Industriestadt Italiens, zählte von Anfang an zu den militärischen Hauptzielen der Alliierten. Schon vor dem Krieg hatten die auswärtigen Geheimdienste die wichtigsten Industrieunternehmen kartieren lassen: Alfa Romeo, Pirelli, Breda, Falck, Magneti Marelli, Bianchi. Die Stadt galt mit ihren 21 Eisenbahnlinien, einem der größten Bahnhöfe Europas und den beiden für die vielen Industrien in diesem Gebiet lebenswichtigen Güterbahnhöfen als einer der bedeutendsten Eisenbahnknotenpunkte Italiens. Nur fünf Tage nach dem Kriegseintritt Italiens wurde Mailand zum ersten Mal bombardiert. In den nächsten drei Jahren war man ständig unter Beschuss, die Folgen waren dramatisch. Ein großer Teil der Bevölkerung sah sich zur Flucht gezwungen: 1943 lebten gerade noch 250 000 Menschen in der Stadt, die drei Jahre zuvor noch eine Million Einwohner gehabt hatte. Viele Fabriken stellten die Arbeit ein, zahlreiche Gebäude im historischen Kern wurden dem Erdboden gleichgemacht und Dutzende Sehenswürdigkeiten schwer beschädigt, unter anderem der Dom, die Scala, die Kirche Santa Maria delle Grazie, das Schloss der Sforza, das Gefängnis und Dutzende öffentliche Gebäude.

Ungeachtet der Rationierung der Lebensmittel, der ständigen Luftangriffe und der Sirenen, die die Stille der Nacht durchbrachen, um die feindlichen Jagdflugzeuge anzukündigen, und die Zivilbevölkerung in Kellern oder Luftschutzbunkern Zuflucht suchen ließen, harrte Olga mit ihrer Familie in der Via Imbonati aus. Trotz der Schwierigkeiten und Einschränkungen seitens der Faschisten, die sie erdulden musste, setzte sie, wenn auch reduziert, die Produktion von Bonbons und Schokolade fort, einschließlich der Tafeln für die Armee.

In einer Nacht im Sommer 1943 schließlich schlugen die ersten Bomben in die bis dahin verschonten Fabrikgebäude ein, und Olga beschloss zu fliehen. Die Flugabwehr befand sich ganz in der Nähe der Fabrikanlage, und nach den ersten Bombardierungen in diesem Jahr, die schlimmer als die bisherigen waren, kam sie zu dem Schluss, dass das Leben ihrer Lieben und ihrer Arbeiter ernsthaft in Gefahr war. Also bat sie ihren Fahrer eines Abends, am Ende eines ganz normalen Arbeitstags, sie zum Lago di Varese zu fahren, um die Gegend in Augenschein zu nehmen: Sie wollte ein Haus außerhalb der Stadt kaufen, wo sie die Kinder unterbringen konnte. Die ganze Nacht über erkundeten sie die Umgebung, im Schein einer einzigen Taschenlampe. Mit den Lichtern des Autos strahlten sie Gebäude an, versuchten, über Gartentore zu spähen und sich die Gärten vorzustellen. In jener Nacht fanden sie ein Haus, groß genug für

Die Zaini-Fabrik nach dem Bombenangriff im Jahr 1943

sie alle – die vier Kinder, Pio mit seinen beiden Kindern, das Dienstpersonal und die drei engsten Mitarbeiter, die ihr besonders nahestanden.
Man erzählt, sie habe, gewohnt, ihren Kopf durchzusetzen, am selben Tag im Morgengrauen den Eigentümer der Villa aus dem Bett geworfen und auf der Stelle einen Kaufvertrag unterschrieben. Schon ein paar Tage später zogen sie ein. Diese Entscheidung grenzt an ein Wunder, denn kaum 20 Tage nach dem Umzug wurde die Schokoladenfabrik im August aus der Luft bombardiert und fast komplett zerstört. Nur die Außenmauern blieben stehen, der Rest lag in Trümmern. Glücklicherweise befand sich niemand dort, doch zum ersten Mal musste die Arbeit unterbrochen werden. Der Großteil der Maschinen war verloren gegangen oder zerstört worden, und die Fabrik konnte nicht einmal mehr eingeschränkt produzieren. Dennoch versammelte Olga am nächsten Tag das gesamte Personal im Hof und gab ein angesichts der Verwüstung in den zertrümmerten Lagerhallen sehr mutiges Versprechen ab: »Keiner von Ihnen wird seine Arbeit verlieren. Lassen Sie mir ein paar Tage Zeit, um eine Lösung zu finden, aber ich garantiere Ihnen, dass Sie Ihr Gehalt bekommen.« In jener dramatischen Situation, in der Italien zuerst vom faschistischen Regime und dann vom Krieg

zerschlagen worden war, hätte keiner diesen Worten geglaubt, wenn sie nicht aus dem Mund einer so aufmerksamen, vertrauenswürdigen und absolut zuverlässigen Unternehmerin gekommen wären. So aber sorgten sie dafür, dass keiner daran dachte, Zaini zu verlassen, denn sie alle hatten bereits früher Olgas Beharrlichkeit und außergewöhnliche Fähigkeit kennengelernt, alle Schwierigkeiten zu meistern, vor die das Leben sie stellte. Kaum einen Monat später war die Entscheidung getroffen. Den August hatte Olga mit den Kindern am Comer See verbracht. Am 8. September 1943 wurde der Waffenstillstand zwischen den Alliierten und der neuen Regierung unter Marschall Badoglio unterzeichnet, der die Befreiung Süditaliens brachte, während Mailand wie der Rest Italiens von deutschen Truppen besetzt wurde. Kurz darauf ordnete Frau Zaini den Wiederaufbau der Fabrik an, obwohl sie und kein anderer wussten, wie und wann der Krieg enden würde. Wieder einmal bewies sie damit, dass sie sich nicht so leicht entmutigen ließ. Die Arbeit übernahm die Firma Beretta, die eine wichtige Bedingung akzeptieren musste: Alle Mitarbeiter der Fabrik, die irgendwie geeignet waren, wurden beim Wiederaufbau eingesetzt. Die Arbeiter, die nach der Bombardierung zu Hause geblieben waren, verdingten sich als Maurer, Klempner, Elektriker oder

1944 erfolgt der Wiederaufbau der Fabrik.

als Hilfsarbeiter, damit einerseits der Wiederaufbau schneller vonstattenging und andererseits Dutzende Menschen ihren monatlichen Lohn bekamen. Zuallererst wurden die Küche und die Mensa wieder betriebsbereit gemacht, damit jeder mindestens eine warme Mahlzeit am Tag bekam und die Frauen, die sich nicht an den Bauarbeiten beteiligten, einen Ort hatten, an dem sie Socken und Handschuhe für die Soldaten stricken konnten.

Innerhalb von sechs Monaten war der Bau fertig, und die Firma Zaini konnte ihre Fabriktore wieder öffnen. Die Produktion blieb auf verschiedene Stockwerke verteilt. Im obersten befand sich die Herstellung von Bonbons, mit den Maschinen für das Kochen der Zutaten und für das Kneten von Zucker und Aromen; ein Stockwerk darunter die Tische für die Frauen, die die Bonbons in Papier einwickelten, und eine weitere Etage darunter die Maschinen für die Bearbeitung der Kakaobohnen und das Schmelzen der Schokolade. Diese wurden von Hand in die verschiedenen Formen gegossen. Im Kellergeschoss befanden sich die Arbeiterinnen, die die Tafeln und Pralinen für die Auslieferung verpackten. Gegenüber dem Hauptgebäude befand sich das Lager, und im Haus daneben – dem einzigen Bau, der nicht bei der Bombardierung zerstört worden war –

fanden sich in den ersten beiden Stockwerken die Büros und im zweiten Stock Olgas Wohnung. Ein Flur verband die Verwaltungsräume mit der Wohnung.
Um den Wiederaufbau zu feiern, versammelten Olga und Piero, der inzwischen an der Seite der Mutter an der Führung der Firma beteiligt war, erneut alle Arbeiter im Hof, und vor dem neuen Eingang wurde das erste Gruppenfoto nach der Wiedergeburt der Firma aufgenommen. Im Zentrum der Gruppe steht Olga, die stolz in das Objektiv blickt, mit ernster und angespannter Miene, die die große Anstrengung dieser letzten Monate verrät. Und doch trägt sie auch bei diesem Anlass ein elegantes und ausgeschnittenes Kleid, schwarz mit weißen Punkten, Pumps, einen Hauch von rotem Lippenstift und frisch frisierte Haare. Sie ist umgeben von freundlich lächelnden Arbeitern, die mit ihrer gepflegten Zivilkleidung beweisen, dass nicht einmal der Krieg sie gebeugt hatte und dass die Bomben dem Stil und der Würde, die Luigi der Firma seit der Gründung vorgelebt hatte, nichts hatten anhaben können.
Der Krieg war noch nicht zu Ende, und Olga zog es vor, einige weitere Monate in dem Haus in Varese zu wohnen. Jeden Morgen ließ sie sich vom Chauffeur nach Mailand fahren, der schon im Morgengrauen den Kessel des mit Holzgas betriebenen Wagens anheizte.

1946: Olga in ihrem Haus in Varese

1944: Gruppenfoto im Hof des Fabrikgeländes nach dem Wiederaufbau. In der Mitte der ersten Reihe sitzen Olga und ihr Sohn Piero.

Jeden Abend fuhr sie zurück, um für die Kinder da zu sein. Piero war bereits ein junger Mann, der im Unternehmen mitarbeitete. Der jüngere Vittorio dagegen erwartete die Mutter nach der Arbeit am Gartentor. Was ihn jedoch vor Ungeduld zittern ließ, mehr als die allabendliche erwartete Ankunft der Mutter, war die Hoffnung, dass sie ihm eines Tages jenes heißersehnte Pferd mitbringen würde, das er sich schon immer so sehr gewünscht hatte. Seit er zehn Jahre alt war, hegte er eine große Leidenschaft für Pferde, und seine Mutter hatte versprochen, ihm eines Tages diesen Wunsch zu erfüllen. 1945 schließlich kaufte sie dieses Pferd von der Rennbahn in S. Siro. Vittorio war damals 15 Jahre alt, mit 22 Jahren absolvierte er sein erstes Amateurrennen, eine Leidenschaft, die ihm eine »zweite Karriere« eröffnete und mit der er 500 Siege errang.

Von der Wiedereröffnung der Fabrik bis zum Ende des Krieges galt es, einige sehr harte Monate zu überwinden. Das faschistische Regime hatte die Lebensmittel in der Stadt rationiert, was für die Firma Zaini eine starke Beschränkung der Produktion bedeutete. Die Säcke mit Rohstoffen kamen immer seltener und reichten nicht aus, um die Fabrik am Laufen zu halten. Deswegen sah sich Olga gezwungen, zum Mittel des Schmuggels zu greifen. In den letzten Kriegsmonaten, als die

Bevölkerung am Ende ihrer Kräfte war, war das Schmuggeln zwar weitverbreitet, aber auch riskant. Es drohten ständige Kontrollen seitens der Faschisten und harte Strafen. Zuständig für die Versorgung mit Zucker waren Piero und Pio, die Menschen, denen Olga am meisten vertraute. Bewaffnet mit Gewehren, die ebenfalls unter dem Ladentisch verkauft wurden, wagten sie sich auf der Suche nach Rohstoffen in die Berge und blieben oftmals drei oder vier Tage weg. Sie schliefen, wo es gerade ging, und versteckten sich sowohl vor dem Militär als auch vor den Partisanen, um nicht ausgeraubt zu werden. Sie setzten bei diesen Ausflügen ihr Leben aufs Spiel. Verrat und Plünderungen waren an der Tagesordnung, und keiner hatte noch Hemmungen, seine Waffe auch zu benutzen. Sie kamen müde, schmutzig und meistens mit Jutesäcken voller Zucker auf den Schultern nach Hause. Sie klingelten an der Tür der Villa am See, und Olga machte selbst unter diesen Umständen mit der ihr eigenen liebenswürdigen Strenge keine Ausnahme und zwang sie, sich noch an der Tür auszuziehen und die schmutzige Kleidung im Garten zu lassen, bevor sie sie ins Haus ließ. Drinnen allerdings erwarteten die Schmuggler ein Bad und eine warme Mahlzeit, die die Köchin Noemi ihnen zubereitete, während sie Olga von den überstandenen Gefahren berichteten.

Die illegal erworbenen Zuckersäcke wurden in der Fabrik unter den Brettern des Holzbodens versteckt, damit sie bei den Kontrollen nicht entdeckt werden konnten. Es gab auch ein Versteck im Garten des Hauses in Varese – ein Loch im Boden, mit einer Falltür verschlossen –, wo sie für ein paar Tage eingelagert wurden, bevor man sie unter strenger Geheimhaltung nach Mailand in die Fabrik brachte. Die Familie riskierte viel, aber es war die einzige Möglichkeit weiterzumachen. Wäre der Schwarzmarktschmuggel aufgeflogen, wäre die Fabrik geschlossen worden. Einmal kamen, vermutlich nach einem anonymen Hinweis, zwei SS-Männer in die Verwaltung, hielten Piero eine Pistole an die Schläfe und befahlen ihm, ihnen die zusätzlichen Zuckervorräte zu zeigen. Piero, in seinem Charakter zwar extravagant und verschlossen, bewies seinen Mut und stritt alles ab. »Ich bin nicht für die Bestellungen zuständig«, erklärte er, »ich kümmere mich nicht um die Versorgung mit Rohstoffen.« Damit gaben sich die beiden Soldaten nicht zufrieden und stellten Herrn Mauri, dem Direktor der Fabrik, den sie auf dem Hof antrafen, dieselbe bedrohliche Frage. Auch er behielt die Nerven und schob die Verantwortung wieder den Inhabern der Fabrik zu. »Ich bin hier nur Angestellter«, antwortete er, »ich kümmere mich um die Bestellungen und kann Ihnen die Lieferscheine zeigen, mehr aber nicht. Wenn es Unregelmäßigkeiten gibt, wäre ich der Letzte, der es wissen würde.« Zum Glück kontrollierte die SS nicht weiter und verließ das Gelände. In der Fabrik schlug man daraufhin Alarm. Olga, die gerade nicht im Hause gewesen war, erschütterte der Zwischenfall zutiefst. Sie ordnete an, die Vorsichtsmaßnahmen zu verstärken und die Säcke in ein anderes Versteck zu bringen, nicht aber die illegale Versorgung zu unterbrechen. Wer auch immer den Tipp gegeben hatte, hatte nicht gewusst, wo die illegalen Vorräte versteckt waren, sonst wäre die Sache nicht so glimpflich verlaufen. Olga war sich jedoch im Klaren darüber, dass das Versteck leicht zu finden gewesen wäre. Bei der nächsten Kontrolle würden sie nicht heil davonkommen. Als Konsequenz musste der Kreis der Eingeweihten ganz klein gehalten werden. Erst als im April 1945 der Krieg zu Ende ging und Italien die Befreiung feierte, kehrte die Normalität zurück.

Modeskizze eines eleganten Outfits für Olga aus dem Jahr 1938

»Wir haben Sie immer als Vorbild gesehen«

Olga Zaini und ihre Schokoladendamen

1950: Gruppenfoto aller Angestellten vor der neuen Fabrik. In der Mitte der ersten Reihe sitzt Olga, rechts neben ihr Pio, links Piero.

In der Fabrik hatten die Arbeiter schon ihre gewohnten Plätze eingenommen, und die Produktion lief allmählich wieder auf Hochtouren. In den darauffolgenden Jahren des Wiederaufschwungs wehte bei Zaini, wie später auch im Rest Italiens, ein neuer Wind voller Hoffnung. Und auf der Welle des wirtschaftlichen Aufschwungs profitierte Olga davon, dass es sich schickte, bei jeder Gelegenheit Pralinenschachteln zu verschenken. Zu dieser Zeit gab es keine gesellschaftliche Einladung ohne eine Schachtel Süßigkeiten für die Gastgeberin. In den Fünfzigerjahren setzte die Schokolade ihren Eroberungszug fort und wurde zu einem Massenprodukt. Pralinenschachteln tauchten auf Werbeplakaten, im Fernsehen und im Kino auf. Auch die hübschen Blechkästchen verbreiteten sich immer weiter, die im Katalog von Zaini unter »Packung Phantasie« liefen und für jede Gelegenheit geeignet waren, sei es nun ein Besuch im Krankenhaus, ein Abendessen bei Freunden, ein Geschenk für die Liebste, eine Aufmerksamkeit für einen Verwandten oder Ähnliches. Die Blechdosen zum Sammeln waren in Form und Größe vielfältig, hatten aber stets zum Ziel, eine positive Botschaft zu vermitteln. Auf ihren Deckeln waren hübsche Bilder zu sehen, nach der noch heute geltenden Philosophie vieler Lebensmittelunternehmen, Süßigkeiten mit dem

Auswahl aus der erfolgreichen »Fantasia«-Kollektion, 1950

CONFEZIONI CARAMELLE LUSSO IN LATTINE

Stereotyp der glücklichen Familie und des sorglosen Lebens zu assoziieren: lächelnde Kinder, Bilder Italiens von Venedig bis zum Comer See, berühmte Sehenswürdigkeiten, verliebte Menschen, süße kleine Tiere und bunte Blumen. Eine weitere profitable Idee waren die Aufteilung der Produktion und die Einführung einer zweiten Marke von höherer Qualität. Man wählte dafür den Namen »Coffler«, der nach Olgas Meinung an eine Schweizer Firma denken ließ – von Vorteil, da die Schweizer seit jeher die Nummer eins der Schokoladenbranche waren. Somit kam in den Fünfziger- und Sechzigerjahren die Produktserie »Coffler« in die Konditoreien Italiens und steigerte zusammen mit der Zaini-Schokolade den Umsatz des Unternehmens.

Dies alles geschah, um das Image der Firma zu erneuern und die Schokolade »alltagstauglich« zu machen. Dahinter stand die Idee, die Schokolade, die zuerst als Luxusprodukt vermarktet wurde und dann hauptsächlich als Stärkung für schwächliche, kraftlose Jugendliche oder von langer Krankheit geschwächte Menschen gegolten hatte, neu zu positionieren. Sogar der »Talismano della Felicità«, die von Ada Boni verfasste Küchenbibel der italienischen Hausfrauen, befasste sich kaum damit und führte nicht mehr als zehn Rezepte für Schokoladenkuchen auf. Olga ahnte voraus, dass die Wiedergeburt der italienischen Küchenkultur von der neuen Einstellung der Frauen abhing und dass die Schokolade als früheres Luxusprodukt alle Vorzüge hatte, um schnellstens wieder Einzug in die italienischen Vorratskammern zu halten – aus denen sie seither nicht mehr wegzudenken ist.

Deshalb wollte Olga auch eine Geheimrezeptur, die ihr Gatte Luigi schon im Jahr 1913 erfunden und erfolgreich vermarktet hatte, neu interpretieren: Zartbitterschokolade in Blockform, ideal für jeden Kuchen und in ihrer Konsistenz so perfekt, dass man nicht einmal Milch zugeben musste, um sie zu schmelzen. Ohne die Zusammensetzung zu ändern, erneuerte sie nur den Namen und die Verpackung und benannte den »Block« um in »Emilia«, nach der Frau, die als Erste beim Kuchenbacken für Olgas Kinder damit experimentiert hatte. Emilia war das wunderbare Kindermädchen, unentbehrliche Hilfe bei der Erziehung und Pflege der Kinder, und diejenige die der Köchin im Haus Zaini unwiderstehliche Rezepte für Kuchen empfahl. Der offizielle Vorkoster im Hause Zaini war das Leckermaul Piero, dem heute die historischen Rezepte der Firma Zaini gewidmet sind: Jeder Packung »Emilia« liegen seit 2014 Rezepte für einfache, hausgemachte Kuchen bei, die »Rezepte von Onkel Piero«. Auch die

1934: Emilia, das Kindermädchen der Familie Zaini, mit Piero, Rosetta, Luisa und Vittorio. Auf Emilias Arm ein Baby, das nicht zur Familie gehört.

Verpackung wurde damals geändert: Das ursprüngliche, sehr exklusive Gold- und Silberpapier wurde von einer einfachen braunweißen Hülle abgelöst, günstiger und für jeden erschwinglich. Die Neuerung gefiel dem Publikum, und innerhalb weniger Jahre wurde der »Block Emilia« ein Alltagsprodukt für viele Italiener.

Die persönliche Leidenschaft Olgas waren die »Boeri«, Zartbitterpralinen mit einer in Alkohol eingelegten Kirsche im Inneren. Normalerweise aß sie wenig und ohne besondere Lust, aber den »Boeri« konnte sie nicht widerstehen. Deshalb ließ sie sie von Hand mit den besten eingelegten Kirschen aus der Romagna herstellen, auch nachdem sie schon eine zumindest teilweise industriell produzierte Ware geworden waren. Zwei Arbeiter kümmerten sich persönlich darum: Sie schmolzen die Zartbitterschokolade in einem Töpfchen, tauchten die Kirsche hinein und schlossen die Praline durch eine elegante Volute an der Spitze, die auch nach der Automatisierung der Produktion erhalten blieb. Die abgekühlten »Boeri« wurden – jeweils in rubinrotes Papier gehüllt – in eine einfache Schachtel aus hellem Holz mit drei gezeichneten kleinen roten Kirschen auf dem Deckel verpackt.

Um die Produktion zu beschleunigen, deren letzte Phasen noch immer größtenteils Handarbeit waren, kaufte Olga 1950 die erste automatische Maschine zum Formen der Schokolade, hergestellt von der bis heute weltweit aktiven Mailänder Firma Carle & Montanari. Bis dahin wurde die verarbeitete und geschmolzene Schokolade von den Arbeitern in die Formen gegossen und nach dem Abkühlen meist von Hand verpackt. Mit der Anschaffung der Maschine wurde das Formen automatisiert und so der seit 50 Jahren immer gleiche Arbeitsablauf revolutioniert. Als die erste »Cavemil« ankam – die heute noch so genannt wird; der Name entstand aus den Anfangssilben des Namens ihres Erfinders Emilio Cavalieri –, erwartete Olga die Lieferung am Eingangstor der Fabrik. Die Monteure, begleitet vom Inhaber der Firma Carle & Montanari, empfing sie, so erzählt man, mit der ihr eigenen lombardischen Ironie: »Sie sollten wissen, dass ich sie zurückschicke, falls sie nicht funktioniert.« Zum Glück wurde das nicht notwendig, aber Olga wäre ihren Worten treu geblieben. Ohne jeden Zweifel.

Mit der Zeit legte sich allmählich auch die Aufregung um Olgas Beziehung zu Pio, und mit dem Ende des Krieges beruhigte sich die Situation auch zu Hause. Olga war ihrer Zeit auch privat einige Jahrzehnte voraus und hatte einen Vorläufer der Patchwork-Familie

1950: Olga und Piero

geschaffen, den letztlich alle akzeptierten. Ihre drei Söhne – neben Vittorio und Pietro noch Pios Sohn Ermete, genannt Meme – arbeiteten an ihrer Seite. Sie verbrachte die meiste Zeit in der Fabrik, aber die Nähe zwischen Wohnung und Büro – sie wohnte noch bis Mitte der Fünfzigerjahre in der Via Imbonati – gestattete ihr ein Leben ohne Unterbrechung zwischen Familie und Arbeit. Nachmittags konnte sie im Büro hören, wie die Kinder im Hof spielten. Im Morgengrauen, bevor sie sie für die Schule vorbereitete, konnte sie in die Fabrik hinuntergehen und die Arbeit der Maschinen kontrollieren. Sie blieb vor den Maschinen für die Bonbons stehen, sah die Ausleger an, die die Zutaten vermischten, die Walzen, die die Zuckermasse in eine lange, gleichförmige Schlange verwandelten. Einige Meter weiter wurde sie in kleine, bunte Zylinder geschnitten, die Bonbons eben, die nach dem Abkühlen in einen Korb fielen und von dort in die Abteilung für die Verpackung befördert wurden. An einem Tag waren es Pfefferminz-, an einem anderen Rhabarber-, am dritten Anisbonbons und so weiter.

In der Fabrik hatte Olga ebenso wie zu Hause ein System geschaffen, das auf der Unterstützung durch vertrauenswürdige Frauen basierte: Im privaten Leben waren es die Köchin Noemi und das Kindermädchen Emi-

1950: Olga Zaini und die Schokoladendamen von Mailand

lia, in der Firma die unverzichtbare Clelia, zuständig für die Verwaltung, und Ines für die Handelsabteilung, zusammen mit etwa 20 weiteren weiblichen Angestellten. Insgesamt hatte die Firma im Jahr 1950 200 Beschäftigte. Um das Personal zu rekrutieren, wandte sich der Direktor der Fabrik oft an die Pfarrer der Dörfer in der Umgebung und ließ sich zuverlässige junge Leute empfehlen. Der erste Schritt in die Fabrik war die Saisonarbeit, zwischen September und Dezember für die Weihnachtsproduktion und zwischen Januar und April für die Ostereier. Manche der Arbeiter wurden fest angestellt, die anderen kamen in der folgenden Saison zurück. Die Frauen waren in der Überzahl, denn sie waren schneller beim Einwickeln der Pralinen und Bonbons und beim Verpacken in die Schachteln. Aber auch im Büro arbeitete Olga lieber mit Frauen zusammen. Sie war davon überzeugt, dass man Mutter, Ehefrau und berufstätig sein konnte. Man konnte eine Schürze überziehen oder sich um die Buchführung kümmern, ohne die eigene Weiblichkeit zu verlieren. Man konnte sogar, wie in ihrem Fall, eine große Verantwortung auf sich nehmen, die normalerweise ein Vorrecht der Männer war, ohne auf dieses weibliche Flair, das sie stets auszeichnete, zu verzichten. Im Juni 1963 sandte ihr die Belegschaft folgende Karte:

Heute, am 50. Jahrestag der Gründung der Firma, feiern wir stolz auch den 25. Jahrestag Ihrer Firmenleitung. Wir haben die ersten, wegen der vielen Schwierigkeiten anstrengenden Jahre und die Zeiten des Krieges nicht vergessen. Und wir erinnern uns mit Rührung und aufrichtiger Bewunderung an Ihren Einsatz, mit dem Sie das Werk des verstorbenen Gründers fortsetzten. Es freut uns, dass wir Ihnen noch heute mit Zuneigung und Ergebenheit zur Seite stehen und die Erfolge Ihrer Beharrlichkeit und Kompetenz mit Genugtuung betrachten dürfen. Wir haben Ihre Person immer als Vorbild und Ansporn für unsere bescheidene Mitarbeit gesehen, und wir wünschen uns, Sie noch viele Jahre bei uns zu haben.

Auf den Fotos jener Zeiten wirkte sie immer sehr gepflegt, mit maßgeschneiderten Kleidern, die ihre gute Figur zur Geltung brachten. Für viele Frauen war sie Vorbild. Man erzählt, dass die Angestellten ihr nacheiferten. Sie banden die Schürze enger um die Taille, um die Kurven der Hüften zur Geltung zu bringen, und manche ließen den obersten Blusenknopf offen, um mehr Ausschnitt zu zeigen. Auch bei der Arbeit trugen sie Pumps mit Absatz und Perlenketten und gingen oft zum Friseur. Jeden Tag wetteiferten sie darum, die schönste Angestellte zu sein oder die am besten angezogene. Jahrelang siegte

Milano 12 Giugno I963

Gent. Sig. ra Olga Zaini ,

Siamo lieti di ricordare oggi , con la ri correnza del 50^ Anniversario della Fondazione della Ditta , anche il 25 ^ Anniversario della Sua Direzione nella Ditta stessa .
Non abbiamo dimenticato i primi anni faticosi, per le molte difficoltà, ed il periodo della guerra , e ricordiamo con commozione e con sincera ammirazione tutti i suoi sforzi per continuare l'opera intrapresa dalcompianto Fondatore.
Si amo felici di potere ancora oggi esserle vicini con affetto e devozione, guardando insieme con soddisfazione ai risultati ottenuti, grazie alla Sua tenacia e competenza .
La Sua presenza ci è sempre stata di conforto e di sprone nel nostro lavoro di modesta collaborazione e ci auguriamo di averLa ancora tra noi per molti anni .
Voglia gradire in questo giorno un simbolico abbraccio ed un sincero ringraziamento da noi tutti.

La Maestranza della Ditta Luigi Zaini

Der Brief der Belegschaft an Olga anlässlich des 50-jährigen Firmenjubiläums im Jahr 1963, gleichzeitig Olgas 25-jähriges Jubiläum in der Leitung des Unternehmens

stets Lucia, die von den Arbeitern zur »Miss Schokolade« gekürt wurde.
Am Nachmittag ließ sich Olga oft von ihrem Chauffeur Ambrogio ins Zentrum fahren, um einen Tee in der Konditorei zu trinken oder einen Bummel durch die Geschäfte zu machen. Eines ihrer Lieblingsziele war die Schneiderei Pirovano in der Via Montenapoleone, die in jenen Jahren zu den elegantesten Geschäften Mailands zählte. Von dort stammten die meisten ihrer Kleider. Sie waren handgenäht und mit kleinen Glasperlen, Tüllärmeln, Rüschen und Stickereien verziert. Die Farben waren leuchtend, manchmal knallig. Rot gefiel ihr besonders gut, es bildete einen Kontrast zu ihrer hellen Haut, passte aber farblich zu ihren von Jugend an feuerroten Haaren. Die Mäntel waren aus Kaschmir, die Kragen mit Pelz besetzt, die langen Handschuhe aus Satin ebenso wie die stets hochhackigen Schuhe. Auch zu Hause, um acht Uhr morgens beim Frühstück, trug Olga elegante Kleider. Und so zurechtgemacht, ging sie in der Früh aus dem Haus, nicht um durch die Stadt zu flanieren, sondern um in ihrem Büro in der Fabrik an die Arbeit zu gehen. Nachdem sie mit Pio in ein schönes Haus im Zentrum umgezogen war, ließ sie sich jeden Tag um neun Uhr vom Chauffeur nach Dergano fahren – heute wenige U-Bahn-Haltestellen vom Domplatz entfernt.

Einige der Mitarbeiterinnen – links Clelia, in der Mitte Lucia, die jahrelang zur »Miss Schokolade« gekürt wurde

Trotz ihres zurückhaltenden und spröden Wesens hatte sie auch eine exzentrische Ader. So wie sie auffällige Kleider aus Satin und Seide liebte, umgab sie sich zu Hause mit prunkvollen Gegenständen. Ihre Wohnung am Largo Augusto glich einem Königspalast: handgemalter Stuck über jeder Tür, mit buntem Satin bezogene Möbel, in denen sie Dutzende von Porzellanfiguren aus Capodimonte sammelte, die ihre Leidenschaft waren. Auch die Wohnungen ihrer Kinder waren im selben Stil eingerichtet wie die kleine Wohnung über der ihren, in der Vittorio bis zum Tode seiner Mutter mit seiner Frau Margherita und den Kindern Luigi und Antonella lebte. Weder Mutter noch Sohn wollten auf dieses Zusammenleben verzichten, nicht einmal nach der Hochzeit mit Margherita. Lieber lösten sie die Küche auf, um noch ein Zimmer für die Kinder zu gewinnen. Von dem Tag an aßen alle gemeinsam morgens, mittags und abends bei Olga und Pio. Die Wohnungen waren durch einen internen Aufzug verbunden.

In den Sechzigerjahren überließ Olga die Führung des Unternehmens ihren Söhnen Vittorio und Pietro, doch im Verborgenen, von zu Hause aus, kümmerte sie sich weiter um die Firma. Sie las jedes Quartal die Bilanz, kontrollierte die Verkäufe jedes einzelnen Vertreters sowie die Exporte und verlangte ausführ-

1969: Olga und Clelia in einem Restaurant

1965 im Casino Sanremo: Olga und ihr zweiter Ehemann Pio und dessen Sohn Ermete

1970: Olga und Pio in Sanremo

Das Wohnzimmer der Villa in Varese

Olgas Schlafzimmer in Mailand

Außenansicht und Terrasse
der Villa in Varese

liche Berichte von den Söhnen – und das stets mit der ihr eigenen Genauigkeit, an die sich bis heute alle erinnern.

Olgas Leben hatte sich nach Luigis Tod und dem Krieg verändert. Sie führte ein Leben in zurückgezogenem Luxus, und anders als noch mit Luigi zog sie den früheren großen Auftritten ein eher ruhigeres Leben vor. Sie mischte sich nicht mehr unter das Großbürgertum, das sich abends in der Scala traf, um Maria Callas in Verdis »La Traviata« zu hören, und den eleganten Luxus ihrer Wohnung am Largo Augusto genoss sie statt in Gesellschaft vieler Gäste lieber im Kreise ihrer Familie. Nach ihrer Rückkehr aus der Fabrik unternahm sie an manchen Abenden Spaziergänge in die Via Montenapoleone ins Zentrum, um die Schaufenster zu bewundern oder einen Aperitif bei Cova oder Sant'Ambroeus zu nehmen. Die Abende verbrachte sie jedoch am liebsten zu Hause.

Als Urlaubsziel gönnten sich Olga und Pio Sanremo. Sie fuhren nicht ins Ausland, obwohl sie es sich hätten leisten können, sondern verbrachten den ganzen Monat August an der ligurischen Blumenriviera, die sich Mitte des 19. Jahrhunderts in eine elitäre Urlaubsregion verwandelt hatte. Hier, wenige Kilometer von der Côte d'Azur entfernt, überwinterten die Reichen Europas. Sogar die russische Zarin Maria Alexandrowna hielt sich in den Wintermonaten hier auf, angezogen vom meist milden Klima und von der Schönheit der Landschaft. Nach ihr kam zwischen 1870 und 1890 auch Kaiserin Elisabeth von Österreich auf ihren zahlreichen langen Reisen durch Europa dorthin. So wurde Sanremo zum exklusiven Urlaubsort. Es entstanden große Luxushotels, darunter das Hotel Royal, in dem Olga Stammgast war, und das Casino, eine der Attraktionen des Ortes. Pio mochte das Casino, obwohl er selbst nicht spielte. Er besuchte lieber die Bar und das Restaurant, wo sie jeden Abend mit den Kindern, die oft zu Besuch kamen, oder mit Freunden zu Abend aßen. Olga prunkte mit wunderschönen Kleidern aus Seide oder aus weißem Leinen, Pelzstolen und außergewöhnlichen Hüten, die sie tagsüber vor der Sonne schützten.

Als Olga sich aus der Firma zurückgezogen hatte und ihr Gesundheitszustand sich verschlechterte, beschlossen sie, dort ein Haus zu kaufen, und verlängerten den Aufenthalt zuerst um einige Wochen und nachher um Monate, bis sie schließlich den ganzen Winter am Meer verbrachten. Olga war damals bereits über 70 Jahre alt und hatte schon drei Infarkte überstanden. Die Ärzte hatten ein Lungenemphysem bei ihr diagnostiziert, ihr die gesunde Seeluft empfohlen und die heißgeliebten Zigaretten verboten, von denen sie allerdings nicht lassen konnte. Die Situation verschlechterte sich noch, als sie sich den Oberschenkel brach. Sie wurde sofort nach Mailand gefahren und als Notfall in eine Privatklinik eingeliefert. Man konnte nicht operieren, und Olga sollte das Krankenhaus nicht mehr verlassen, sondern starb dort am 21. Februar 1981 im Kreise ihren Lieben. Selbst in den letzten Tagen ihres Lebens verlor sie weder ihre Würde noch ihre Eleganz, indem sie sich ihren Kindern und Enkelkindern nur in Morgenröcken und Nachthemden aus Seide mit Spitzenrüschen zeigte und mit den wie üblich frisierten, rötlich gefärbten Haaren. Sogar die Krankenschwestern fragten sich, ob sie in ihrer Jugend wohl ein Filmstar gewesen sei. Sie kannten sie nicht, und niemand hätte sich vorstellen können, dass diese bettlägrige ältere Dame, so vornehm, reserviert und zurückhaltend, gleichzeitig gebrechlich und müde, ein so abenteuerliches Leben hinter sich hatte.

Olga im Jahr 1930

Ich habe diese Geschichte mithilfe der Erinnerungen von Luigi und Antonella, Olgas Enkelkindern, erzählt, die mit Leidenschaft die Familientradition weiterführen und sich um die Fabrik kümmern, die ihr Großvater vor über 100 Jahren gegründet hat. Ihre Erinnerungen, zusammen mit denen ihrer Mutter Margherita und einiger Angestellter, die noch unter Olgas Leitung in der Firma tätig waren, sowie die im Familienarchiv aufbewahrten Briefe und Fotos haben mir ermöglicht, diese Geschichte zu rekonstruieren, in der sich das persönliche Schicksal einer wirklich außergewöhnlichen Frau mit dem Italiens in der Vor- und Nachkriegszeit verbindet. Während sich die italienische Gesellschaft radikal veränderte, blieb die Atmosphäre innerhalb der Mauern der Firma Zaini familiär. Die Werte ihres Gründers Luigi Zaini sowie dessen Arbeitsethik werden bis heute gepflegt.

Heute ist Zaini einer der Marktführer in der Süßwarenbranche. Der Großteil der Produktion ist nach Senago ins mailändische Hinterland verlegt worden, wo dank der Arbeit von 200 Angestellten 70 000 Doppelzentner Bonbons und Schokolade pro Jahr hergestellt werden. In der Via Imbonati 59, in denselben Räumen, die 1944 so tatkräftig wiederaufgebaut wurden, sind aber immer noch eine kleine Bonbonproduktion und die Büros

untergebracht. Die Produkte von Zaini, die heute in 75 Ländern verkauft werden, sind nach so vielen Jahren noch immer die gleichen: »Emilia«, der »Block« Zartbitterschokolade mit den Rezepten von »Onkel Piero« auf der Verpackung, die »Boeri«, die »Cremini«, die Pralinen, die kleinen Schokoladeneier mit der Überraschung im Inneren und die Bonbons.
2013, zum 100-jährigen Firmenjubiläum, haben Vittorios Kinder Luigi und Antonella, die Zaini heute führen, ein Schokoladenboutique in der Via de Cristoforis eröffnet, genau dort, wo ihr Großvater 1913 die ersten Maschinen in Betrieb genommen hatte. In dem Geschäft mit zwei Schaufenstern im Retro-Stil, eine Hommage an die vornehme Eleganz ihrer Großmutter, scheint es, als sei die Zeit zwischen kleinen dekorierten Tässchen und hohen Regalen voller Süßigkeiten stehengeblieben. Dort findet man Pralinen, Bonbons und Schokolade in verschiedensten Variationen, allesamt von Hand verpackt, genau wie zu Zeiten der Großeltern Luigi und Olga, deren Porträts sich auf vielen Verpackungen wiederfinden. Olga wäre heute stolz, wenn sie wüsste, dass ihre Erben, die ihr so ähnlich sehen, ihr Unternehmensmodell weitergeführt haben und dass sich bei Zaini, abgesehen von der Benutzung modernerer Maschinen und einer größeren Verbreitung in der Welt, wenig

Die besondere Verpackung war schon immer ein Markenzeichen der Firma Zaini, und zum Jubiläum 2013 durften auch Olgas und Luigis Porträts darauf nicht fehlen.

Die im Jahr 2013 anlässlich des 100-jährigen Firmenjubiläums ...

... eröffnete Schokoladenboutique in der Via de Cristoforis

geändert hat. Vor allem aber wäre sie glücklich über die vielen Zeichen der Zuneigung und Wertschätzung für sie (und den Sohn Vittorio), die ihre Enkelkinder immer noch erreichen. Der folgende Brief ist einer der vielen Beweise, die zuletzt 2013 anlässlich des Jubiläums angekommen sind:

Sehr geehrter Doktor Luigi Zaini! Mein Vater war in den 1950er-Jahren Arbeiter in Ihrer Firma. Als er 1952 starb, stellte Frau Olga meine Mutter ein, die leider auch schon 1956 starb. Mein Bruder und ich kamen ins Waisenhaus Martinitt nach Lambrate. Ihre Großmutter vergaß uns nie, besuchte uns regelmäßig zu Weihnachten. Als ich mit der Schule fertig war, stellte sie mich ein. Ich erinnere mich noch immer deutlich an jenen ersten Tag, an dem ich die Tore der Fabrik durchschritt: Es war im Jahr 1959, und ich war 15 Jahre alt. Ich betrat die kleine Pförtnerloge und wartete hier auf die Ankunft Ihrer Großmutter. Sie fuhr in ihrem Alfa vor, zeigte mir das Warenlager, empfahl mich dort dem Chef und erklärte, dass ich so lange dort bleiben würde, bis ich mich mit allen Produkten vertraut gemacht hätte. Später würde ich ins Vertriebsbüro wechseln. Und genauso geschah es auch. Ich habe zehn Jahre bei Zaini gearbeitet, fast 15, wenn ich die Überstunden dazurechne. Es war eine schöne Zeit, denn für mich war die Firma wie eine Familie!

Die Fotografien entstammen
dem Familien- bzw. Firmenarchiv
der Firma Zaini, Mailand.
Mit freundlicher Genehmigung
für diese Buchausgabe.

Die Illustrationen auf Seite 98
hat Stephan Juttner eigens
für dieses Buch angefertigt.

Verwendete Literatur:

Roberta Deiana: *Cioccolato passione italiana. 100 anni di storie e ricette*, Giunti, Florenz/Mailand 2012.
Luigi Zaini e la fabbrica di cioccolato, Milano 1913–2013, Ausstellungskatalog, Mailand 2013.